[ 일러두기 ]

- 역사 인물과 사건을 바탕으로 만들어졌지만, 인물 성격과 사건은 재미를 위해 재창조한 허구임을 밝힙니다.
- 55쪽 세자의 하루 시간표는 KBS 프로그램 〈역사저널 그날〉을 참고했습니다.
- 사진 출처 : 101쪽 <몽유도원도>_Wikipedia

# 까칠한 알바생과 세종대왕을 도와라!

### 훈민정음과 역사 인물

글 차유진 | 그림 김잔디

Mirae N 아이세움

**프롤로그** 없는 물건이 없는 가게 ◇ 6

**1** 조선 시대에서 만난 선비 ◇ 21
조선 시대와 역사 인물 알아보기 | 신숙주, 박팽년 ◇ 38

**2** 세자의 부탁 ◇ 41
조선 시대와 역사 인물 알아보기 | 세자(이향) ◇ 54

**3** 상추를 먹인 범인을 찾아라! ◇ 57
조선 시대와 역사 인물 알아보기 | 김종서, 황희 ◇ 68

**4** 집현전 학자들의 의심 ◇ 71
조선 시대와 역사 인물 알아보기 | 최만리, 정창손 ◇ 82

**5** 괴문서를 쓴 용의자들 ◇ 85
조선 시대와 역사 인물 알아보기 | 진양 대군, 안평 대군 ◇ 100

**6** 범인이 밝혀지다 ◇ 103
조선 시대와 역사 인물 알아보기 | 세종 대왕 ◇ 118

**에필로그** 다시 만난 까칠한 알바생 ◇ 120

# 등장인물

## 쪼미랑

태권도가 특기인 똑부러진 열 살. 당차고 명랑하다. 평소에 위인전을 즐겨 읽는다.

## 까칠한 알바생

없는 물건이 없는 가게에서 일하는 아르바이트생. 실내에서 선글라스를 쓰고 있는 특이한 언니. 늘 까칠하고 뭔가 비밀을 숨기고 있다.

## 엄마

방송국 드라마 작가. 평소 바빠서 미랑이를 잘 챙겨 주지 못한다. 마감날이 다가오면 예민해진다.

## 아빠

미랑이의 마음을 가장 잘 이해해 주는 친구 같은 아빠. 에어로빅을 좋아하고 족발을 자주 시켜 먹는다.

## 프롤로그 없는 물건이 없는 가게

아빠 말대로 길을 건너자 새로 생긴 가게가 보였다. 이름 그대로 없는 물건이 없을 것 같았다.

미랑이는 가게 안으로 들어갔다. 곧 문 닫을 시간이라 그런지 손님은 한 명도 보이지 않았다. 미랑이는 작은 바구니를 집어 들고 진열대 사이로 걸어갔다.

진열대 너머로 아르바이트생이 고개를 삐쭉 내밀었다. '아르바이트생 조보람'이라고 적혀 있는 이름표를 달고 있었다.

'실내에서 웬 선글라스?'

아르바이트생은 미랑이를 빤히 보았다.

미랑이는 자신을 쳐다보는 시선이 불편했지만 무시하고 3층으로 올라갔다.

3층 역시 아무도 없었다. 미랑이는 문구 진열대에서 지우개를 바구니에 넣었다. 실내화는 파란색으로 할까 흰색으로 할까 한참을 고민하다가 흰색으로 골랐다.

계산대가 있는 1층으로 내려가려는데 '귀염귀염냥이' 코너가 보였다.

귀염귀염냥이는 요즘 초등학생 사이에서 무척 인기가 많은 고양이 캐릭터이다. 미랑이도 엄청 좋아해서 귀염귀염냥이가 그려진 머리핀, 양말, 책가방, 스마트폰 케이스, 연필을 가지고 있었다.

'이번엔 어떤 물건이 새로 나왔을까?'

미랑이는 눈을 반짝이며 귀염귀염냥이 코너로 갔다.

　들었다 놨다 한참을 고민하던 미랑이는 결국 AI 안경을 제자리에 내려놓았다. 화낼 엄마의 얼굴이 떠올랐기 때문이다.

그때 어디선가 소리가 들렸다.

**'미랑아, 제발 날 두고 가지 마.
날 사면 귀염귀염냥이 스티커도 준다고.'**

깜짝 놀란 미랑이가 두리번거렸지만 주위엔 아무도 없었다. 미랑이는 다시 AI 안경을 보았다.

"흥, 매번 엄마 마음대로 하니까 이번엔 내 마음대로 할래!"

미랑이는 AI 안경을 집어 들고 1층으로 내려갔다. 시계는 벌써 8시 30분을 가리키고 있었다.

미랑이가 물건들을 계산대에 올려놓자, 아르바이트생은 물건을 힐끗 보더니 미랑이를 빤히 보았다.

들어올 때부터 계속 자신을 쳐다보는 아르바이트생 때문에 미랑이는 기분이 나빴다.

'나한테 할말이라도 있나?'

미랑이는 한마디 하고 싶었지만 꾹 참았다.

선글라스를 낀 아르바이트생은 무표정한 얼굴로 입구 쪽 무인 계산대를 가리켰다.

"저기서 계산해."

'흥. 까칠하네. 계산해 주지 않을 거면 진작 말하지.'

미랑이는 실내화, 지우개, AI 안경이 든 바구니를 들고 무인 계산대로 갔다.

삑, 삑, 실내화와 지우개가 무인 계산대 화면에 찍혔다.

마지막으로 AI 안경 바코드를 찍으려는 순간, 갑자기 까칠한 아르바이트생이 미랑이의 손목을 덥석 잡았다.

깜짝 놀란 미랑이가 손을 빼려고 애썼지만, 까칠한 아르바이트생은 여전히 무표정한 얼굴로 미랑이를 보았다.

미랑이는 참지 않기로 했다. 어른이라도 아이에게 함부로 해서는 안 된다고 배웠다.

"준비물이라 꼭 사야 해요!"

미랑이가 쏘아붙이자 까칠한 아르바이트생은 말없이 손목을 놓았다. 미랑이는 마저 바코드를 찍고 계산을 마쳤다. 화면에 결제가 완료되었다는 메시지가 떴다.

미랑이는 물건들을 챙겨 가게 문 쪽으로 걸어갔다. 까칠한 아르바이트생의 시선에 뒤통수가 따끔따끔했다.

가게 문을 열고 나가려는 순간, 미랑이는 자신의 눈을 의심했다.

분명 도로와 아파트가 보여야 하는데, 눈앞엔 전혀 다른 풍경이 펼쳐져 있었다.

'이게 어떻게 된 일이지?'

어느새 미랑이 옆에 와 있는 까칠한 아르바이트생이 태연하게 말했다.

"정확히 세 가지 물건을 고르는 사람이 있을 줄은 생각도 못했네. 없는 물건이 없는 가게 '업지안소'에서 파는 물건 중에는 마법을 부리는 물건이 있어. 그 물건을 바코드에 찍으면 시간 이동을 해. 밖은 조선 시대고, 저기 보이는 커다란 문은 광화문이야. 네가 고른 물건이 어떤 기능이 있는지 알아내면 집으로 돌아갈 수 있어."

"여기가 조선 시대라고요? 말도 안 돼요!"

미랑이는 머릿속이 하얘졌다. 선글라스를 끼고 씩 웃는 까칠한 아르바이트생이 꼭 심술궂은 마녀처럼 보였다.

"네가 산 물건을 잘 사용해 보렴. 무사히 집으로 돌아갈 수 있기를 바란다."

"잠깐만요!"

미랑이가 뒤늦게 소리쳤지만 까칠한 아르바이트생도, 가게도 사라지고 없었다.

# 1 조선 시대에서 만난 선비

낯선 곳에 혼자 남겨진 미랑이는 눈물이 터졌다.

"엉엉, 꿈이라면 빨리 깨게 해 주세요."

울고 있는 미랑이 곁으로 한 선비가 다가왔다.

"얘야, 곧 성문을 닫을 시간이란다. 어서 집으로 돌아가거라."

집이라는 말에 미랑이의 울음소리는 더 커졌다.

선비는 당황한 목소리로 말했다.

"내가 뭘 어쨌다고 우는 거니?"

"엉엉, 집이 사라졌어요."

선비는 당황한 얼굴로 미랑이를 바라보았다.

'집이 사라졌다니 거지인가? 옷도 거적때기 같은 걸 입고 있네. 그냥 두고 갈 수도 없고, 이를 어쩐담.'

"얘야, 이제 그만 울어라."

선비는 미랑이를 달랬다.

미랑이는 아무리 울어도 자신을 데리러 올 사람이 없다는 걸 깨달았다. 어떻게든 집으로 돌아가야겠다고 마음먹었다.

'아르바이트생 언니가 물건의 기능을 알아내면 돌아갈 수 있다고 했지?'

미랑이는 정신을 바짝 차리기로 했다. 지우개를 주머니에 넣고 실내화를 신었다. AI 안경은 주머니에 들어가지 않아 써 보았다.

그 순간, 놀라운 일이 벌어졌다. 살구색 도포를 입은 선비의 머리 위로 팝업 카드가 뿅 하고 나타난 것이다.

'우아, AI 안경이 보여 준 건가?'

미랑이가 안경을 벗자 선비 머리 위에 떠 있던 팝업 카드가 순식간에 사라졌다.

다시 안경을 쓰고 주위를 둘러보니 성문 위에도 팝업 카드가 떠 있었다.

▶ 광화문은 어떤 곳일까요?
조선의 궁궐인 경복궁의 정문이에요. 1395년에 조선의 제1대 왕인 태조 이성계가 경복궁을 지으면서 세워졌어요. '광화'는 빛이 널리 비친다는 뜻이에요.

'알았다! AI 안경은 정보를 알려 주는 거야! 신통방통한 물건이네.'

정보를 알려 주는 AI 안경인 걸 알고 나니, 희망이 생겼다.

'AI 안경의 기능을 알았으니 실내화와 지우개의 기능도 금방 알아낼 수 있을 거야!'

"이제 좀 괜찮아졌느냐? 그럼 난 바빠서 이만 가야겠다. 너도 조심히 가거라."

조근은 가던 길을 가려고 했다.

"잠시만요!"

미랑이가 큰 소리로 외치자 놀라서 뒤를 돌아본 조근이 물었다.

"왜 그러느냐?"

미랑이는 머뭇거렸다.

"그게, 저……. 집이 어딘지 기억나지 않아요. 여기가 어디인지, 엄마와 아빠는 또 어디 계신지……. 흑흑."

'낯선 조선에서 의지할 건 이 선비님밖에 없어.'

미랑이는 눈을 크게 뜨고 불쌍한 척하며 조근의 옷자락을 잡았다.

미랑의 간절한 눈빛에 조근은 잠시 고민하는 듯 싶더니 말했다.

"알겠다. 나를 따라오너라. 기억을 잃은 가엾은 어린아이를 버리고 가는 건 선비로서 차마 할 수 없는 노릇이니……."

"아이고, 선비님, 고맙습니다."

"마침 주막으로 가던 길인데 함께 가자꾸나."

'주막? 사극 드라마에서 본 것 같긴 한데……. 모르는 단어는 AI 안경이 안 알려 주나?'

다시 AI 안경을 쓰자, 팝업 카드가 뿅 하고 떠올랐다.

▶ **주막은 어떤 곳일까요?**
나그네에게 밥과 술을 팔기도 하고, 재워 주기도 했던 곳이에요. 주로 사람들이 많이 오가는 길목인 장터, 나루터 등에 있었어요.

"대박! 이런 것도 알려 주네! 아주 마음에 들어!"

"뭘 혼자 중얼거리니?"

"아, 아무것도 아니에요."

미랑이는 웃으며 머리를 긁적였다.

"대신 나와 주막에 갔다는 걸 다른 사람에게 말하면 안 된다."

"걱정 마세요. 우리 반 하늘이랑 민지가 사귀는 것도 아무에게도 말하지 않았어요. 앗, 이건 못 들은 걸로 해 주세요. 걔네가 꼭 비밀을 지켜 달라고 했거든요. 저는 입이 무거운 편이에요."

미랑이는 재잘재잘 떠들며 조근과 함께 주막으로 향했다.

'무슨 말인지 하나도 못 알아듣겠네. 쯧쯧, 기억을 찾으려면 한참 걸리겠어.'

조근이 미랑이를 의심쩍은 눈으로 바라보던 그때, 두 명의 선비가 손을 크게 흔들며 조근에게 다가왔다.

조근은 잠시 얼굴이 굳었지만, 금세 반가운 표정을 지었다.

"하하, 신숙주와 박팽년! 여기서 만나니 반갑구만."

'신숙주? 익숙한 이름이네.'

"이 아이는 누군가?"

신숙주가 묻자 조근은 미랑이가 듣지 못하게 귓속말로 신숙주에게 말했다.

"나도 길에서 우연히 만났네. 정신이 온전치 않아 보여서 내가 부모를 찾아 주려고 하네."

신숙주는 고개를 끄덕이며 말했다.

"나라는 백성을 근본으로 삼고, 백성은 먹는 것으로 하늘을 섬긴다는 말이 있지. 그런 의미에서 이 아이에게 따끈한 국밥이라도 먹이게."

"그렇지 않아도 마침 월매 주막에 가려던 참인데 자네들을 만난 거라네."

"주막?"

주막이라는 말을 듣자마자 박팽년은 매서운 눈으로 조근을 쏘아보았다.

"조근, 자네 오늘 숙직 근무 아닌가?"

"너무 배가 고파서……. 비밀로 해 주게."

"허허! 당연히 비밀로 해 주겠네. 집현전에서 숙직하다 보면 국밥 생각이 간절하지 않나."

신숙주가 웃으며 거들었다.

그러자 박팽년이 불같이 화를 내며 말했다.

"그러다가 주상 전하가 오시면 어쩌려고 그러나! 신숙주, 자네가 집현전에서 밤새 책을 읽다가 깜박 잠들었을 때 주상 전하께서 집현전에 오셨다가 자네에게 옷을 덮어 주신 일을 잊었나?"

"주상 전하께서 오늘 오시진 않을 테니 너무 뭐라고 하지 말게. 그런데 조근, 그 소문 들었나?"

화제를 돌리려는 듯, 신숙주는 갑자기 목소리를 낮추고 말했다.

"무슨 소문?"

"어젯밤 집현전에 괴문서가 놓여 있었다네. 괴문서에 적힌 내용이 매우 충격적이라 모두 술렁이고 있어. 조만간 최만리 대감이 집현전 학자들을 불러 논의하신다 하더군."

"대체 뭐라고 적혀 있길래?"

조근이 물었다.

"그게 글쎄, 주상 전하께서 새 문자를 만들고 계신다는 내용일세."

'새 문자? 혹시 한글을 말하는 건가?'

새 문자라는 말에 미랑이도 세 사람의 대화에 귀를 쫑긋 세웠다.

조근은 적잖이 충격을 받았는지 눈이 동그래졌다. 신숙주와 박팽년은 깜짝 놀라는 조근의 반응에 그럴 줄 알았다는 듯 고개를 끄덕였다.

"엄연히 한자가 있는데 주상 전하께서는 어찌 문자를 만드신단 말인가?"

▶ **조선은 왜 한자를 썼을까요?**
훈민정음이 창제되기 전까지 우리말을 표기할 우리 문자가 없었어요. 그래서 한자를 빌려서 우리말을 적었어요.

"곧 진실을 알 수 있겠지."

신숙주는 의미심장한 표정으로 조근의 어깨를 툭 치며 말했다.

"어이쿠, 벌써 시간이 이렇게 됐네. 우린 이만 가겠네. 얼른 국밥 한술 뜨고 숙직하러 가게나. 애야, 너도 맛있게 먹어라."

신숙주, 박팽년과 헤어진 뒤 미랑이는 임금님이 만들고 있다는 새 문자에 대해 묻고 싶었지만 조근의 표정이 심각해 보여서 잠자코 있었다.

"종루가 보이는 쪽으로 가면 주막이 있을 테니 배고파도 조금만 참거라."

▶ **종루는 무엇일까요?**
오늘날 종로에 있는 보신각으로, 통행을 금지하거나 해제하는 종을 치던 곳이에요. 교통이 좋고 시장이 가까워 이곳을 중심으로 상업이 발달했어요.

주막으로 가는 길 양옆으로는 집들이 촘촘히 늘어서 있었다. 낯선 거리였지만 머리 위로 쏟아지는 환한 달빛에 미랑이는 왠지 안심이 되었다.

주막에 도착하자, 주모가 활짝 웃으며 달려 나왔다. 순간 주모의 얼굴이 어디선가 본 것 같다고 생각했지만 미랑이는 설마 그럴 리가 없다며 고개를 저었다. 조선 시대에 아는 사람이 있을 리가 없기 때문이었다.

"누굴 만나러 주막에 오신 거예요?"

미랑이의 질문에도 조근은 말없이 주모가 안내하는 방으로 갔다.

방 안에는 비단옷을 입고 옥구슬로 장식된 갓끈을 단 갓을 쓴 선비가 앉아 있었다. 갓을 깊이 눌러 써서 얼굴은 잘 보이지 않았지만 왠지 기품이 느껴졌다.

조근은 방에 들어가자마자 선비에게 엎드려 절했다. 미랑이도 얼떨결에 조근을 따라 넙죽 엎드렸다.

"세자 저하!"

'세자라고?'

미랑이는 깜짝 놀라 고개를 들었다.

 ▶ **세자는 누구일까요?**
임금의 자리를 이을 임금의 아들을 말해요.

## 신숙주가 책을 읽던 집현전

'어진 사람을 모은 집'이라는 뜻으로 조선 시대에 학문을 연구하던 곳이에요. 집현전 학자들은 《용비어천가》, 《농사직설》 같은 책을 편찬하고 세자에게 학문을 가르쳤으며, 나라에 필요한 제도나 법을 연구해 왕에게 건의했어요. 현재 경복궁의 수정전이 조선 시대 집현전이 있던 자리예요.

## 박팽년이 걷던 육조 거리

육조 거리는 조선 시대 나랏일을 하던 6개의 관청인 육조가 늘어서 있던 거리예요. 한양 중앙에 위치해 있을 뿐만 아니라 관리, 외국 사신, 상인들이 오가는 곳이라 늘 사람들로 북적였어요.

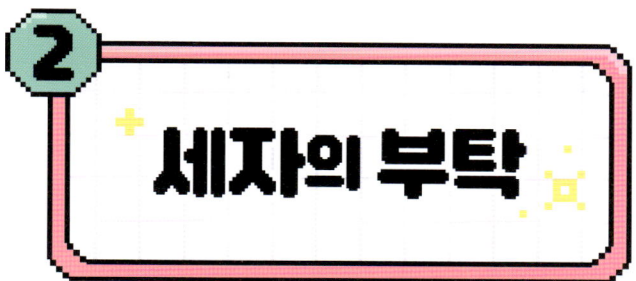

## 2 세자의 부탁

　세자를 본 미랑이는 눈이 휘둥그레졌다. 세자가 놀라울 만큼 잘생겼기 때문이다.

　오똑한 코, 반듯한 이마, 부드럽게 이어지는 턱선, 그리고 도톰하고 붉은 입술까지……. 엄마가 좋아하는 드라마 주인공, 차윤우와 닮은 듯했다.

　"송구하옵니다, 저하. 오는 길에 신숙주와 박팽년을 만나는 바람에 조금 늦었습니다."

　조근이 쩔쩔매며 말했다.

　세자가 웃으며 말했다.

"괜찮네. 나도 도착한 지 얼마 안 되었네. 그런데 이 아이는 누구인가?"

"딱한 사정이 있어 데리고 온 아이입니다. 나중에 소상히 말씀드리겠습니다."

세자는 웃는 얼굴로 미랑이에게 물었다.

"이름이 무엇이냐?"

"조미랑이요! 그런데 저하, 엄청 잘생기셨어요! 차윤우 닮았어요!"

"차윤우?"

"요즘 최고 인기 배우예요."

조근이 낮은 목소리로 꾸짖었다.

"무엄하구나! 어디 세자 저하의 얼굴을 똑바로 쳐다보며 말하느냐!"

놀란 미랑이는 고개를 얼른 숙이고 눈을 질끈 감았다. 세자 저하에게 너무 편하게 말했나 싶었다.

"재미있는 아이구나. 괜찮으니 편하게 하거라. 조근 자네도 편히 앉게. 먹으면서 이야기하지. 너도 함께 먹자."

세자가 상 위에 덮어 놓았던 보자기를 걷자 빈대떡, 생선구이, 백숙까지 맛있는 음식이 가득했다. 특히 김이 모락모락 나는 백숙은 고소한 냄새를 풍기며 미랑이의 눈길을 사로잡았다.

배에서 꼬르륵 소리가 났다. 미랑이는 허겁지겁 음식을 먹었다.

그 모습을 본 세자는 미랑이에게 수정과를 건넸다.

"수정과도 마시면서 천천히 먹어라."

"앗, 계피향 때문에 저는 수정과를 안 좋아……."

미랑이는 자기도 모르게 속마음을 얘기할 뻔했는데 조근이 옆에서 미랑이 옆구리를 쿡 찔렀다. 미랑이는 어쩔 수 없이 수정과 한 모금을 삼켰다.

"그나저나 자네에게 물어볼 것이 있어서 보자고 했네. 주상 전하께서 자네에게 조선의 문자를 만드는 것에 관해 어떻게 생각하냐고 물으셨을 때 뭐라고 대답했나?"

"조선에 새 문자가 꼭 필요하다고 말씀드렸습니다."

세자는 고개를 끄덕였다.

"주상 전하는 자네에게만 문자를 만들고 있다고 솔직하게 말씀하셨지. 절대로 다른 신하에게 말하지 말라고 당부하신 것도 잊지 않았겠지?"

"예, 저하. 아무에게도 말하지 않았습니다."

"하지만 며칠 전, 집현전에 주상 전하께서 새 문자를 연구하고 있으니 반대해야 한다고 적힌 괴문서가 놓여 있었다는데……. 어찌된 일인지 자네는 알고 있는가?"

세자의 말에 조근은 깜짝 놀랐다. 그리고 손사래를 치며 억울하다는 듯이 말했다.

"저는 모르는 일입니다. 괴문서 이야기도 조금 전에 신숙주와 박팽년에게 처음 들었습니다."

세자는 한숨을 쉬며 말했다.

"후유, 자네를 믿지만 주상 전하께서 새 문자를 만든다는 사실이 집현전 학자들에게 알려졌으니 큰일이로군. 반대가 만만치 않겠지……."

미랑이는 세종 대왕이 백성을 위해 훈민정음을 창제한 사실은 알고 있었지만, 집현전 학자들이 반대한 줄은 몰랐다.

미랑이가 궁금증을 참지 못하고 세자에게 물었다.

한참 동안 무거운 침묵이 이어지더니 세자가 다시 입을 열었다.

"그보다 더 걱정스러운 일이 있네. 요즘 들어 주상 전하께서 자주 피곤해하시네. 아침에 늦게 일어나시고 낮잠도 자주 주무시고 걸음도 느려지셨어. 안부를 여쭈면 귀찮

다며 찾아오지 말라고 하시니, 대체 무슨 일인지……."

미랑이가 고개를 갸웃하며 물었다.

"임금님께서 쉬고 싶은 거 아닐까요?"

세자가 고개를 저었다.

"그럴 리 없다. 궁궐에서 주상 전하만큼 부지런한 분은 본 적이 없어. 그리고 조근 자네에게 보여 줄 것이 하나 있네."

세자는 품에서 무언가를 조심스럽게 꺼냈다.

조근과 미랑이는 깜짝 놀라 동시에 외쳤다.

"주상 전하의 베갯잇에서 나왔네. 즐겨 드시는 식혜 그릇에도 이 잎이 붙어 있었고."

조근의 표정이 굳었다. 덩달아 심각해진 미랑이도 젓가락을 슬그머니 내려놓았다.

"이게 무엇인가요?"

"나도 모르겠네. 일단 독초는 아닌 것 같네……."

세자는 조근을 보며 진지하게 말했다.

"자네에게 부탁이 있네. 이 수상한 이파리가 대체 무엇인지, 왜 주상 전하의 음식과 침실에서 나온 건지 알아봐 주게."

조근이 당황한 얼굴로 손을 저었다.

"저하, 저에게는 그럴 능력이 없습니다."

하지만 세자는 조근의 손을 꼭 잡고 말했다.

"내가 믿을 사람은 지금 자네밖에 없네."

"알겠습니다, 저하."

세자의 간곡한 부탁에 조근이 마지못해 그렇게 하겠다고 대답했다.

그 모습을 조용히 지켜보던 미랑이는 생각했다.

'세종 대왕님을 해치려는 자가 있다고? 이럴 수가! 아, 맞다. AI 안경!'

미랑이 나섰다.

"저하, 제가 그 이파리 좀 살펴봐도 될까요?"

미랑이가 AI 안경을 쓰고 세자에게 건네받은 이파리를 보자 팝업 카드가 뿅 하고 떴다.

▶ 상추에 대해 알아볼까요?
상추는 쌈을 싸서 먹는 채소예요. 조선 시대에도 사람들이 즐겨 먹었어요. 상추에는 숙면을 돕고 몸과 마음을 편안하게 만드는 물질이 있어요.

팝업 카드를 읽은 미랑이는 세자에게 자신 있게 말했다.

세자가 무릎을 탁 쳤다.

"상추에 그런 효능이 있었다니! 영특하구나!"

"헤헤. 뭘요."

미랑이가 멋쩍게 웃었다. 세자가 미랑이를 보며 말했다.

"미랑아, 조근과 함께 범인을 찾아다오."

"제가요? 하지만……."

한시라도 빨리 물건들의 기능을 알아내 집으로 돌아갈 생각뿐이던 미랑이는 난처했다.

망설이는 미랑이에게 세자가 한 번 더 말했다.

"나와 같이 궁궐로 들어가서 궁녀들에게 슬쩍 물어봐 주면 좋겠구나. 궁녀들은 워낙 소문에 밝으니 뭔가 단서를 찾을 수 있을 거야."

▶ 궁녀는 어떤 일을 할까요?
궁녀는 궁궐에서 왕과 왕비를 모시며 시중을 들었어요.

'지금 아니면 언제 내가 궁궐을 들어가 보겠어? 에라, 모르겠다.'

미랑이는 세자를 돕기로 했다.

"네. 그렇게 할게요."

그날 밤, 미랑이는 세자가 마련해 준 궁궐의 작은 방에서 묵었다. 처음으로 엄마, 아빠도 없이 낯선 곳에서 보내는 밤이었지만 피곤해서 금방 잠이 들었다. 어둠 속에서 누군가 몰래 지켜보고 있는 것도 모른 채…….

## 조선 시대 세자의 하루 일과

세자는 닭이 우는 새벽 3시쯤 일어나 의관을 갖추고 왕과 왕비 등 웃어른께 문안 인사를 드리는 것으로 하루를 시작했어요. 또한 왕과 왕비의 식사인 수라상을 살피는 '시선'을 수행했어요. 시선은 효를 중시하던 조선 시대 왕실에서 매우 중요하게 여겨진 예절이었어요.

문안 인사와 시선이 끝나면 본격적인 공부가 시작되었어요. 세자는 매일 오전 5시부터 7시까지 아침 공부인 '조강', 오후 1시부터 2시까지 낮 공부인 '주강', 오후 3시부터 5시까지 저녁 공부인 '석강'을 했어요. 심지어 보충 수업까지 받으며 하루 7시간 이상 공부했지요.

때로는 활쏘기나 말타기 같은 무예 수련도 했지만, 대부분의 시간을 왕으로서의 자질을 기르기 위해 공부하며 보냈어요.

## 세자의 하루 시간표

- 취침
- 문안 인사
- 저녁 보충 수업
- 저녁 식사
- 저녁 정규 수업
- 자유 시간
- 낮 정규 수업
- 점심 식사
- 오전 보충 수업
- 아침 식사
- 아침 정규 수업
- 문안 인사 및 시선
- 기상

## 3. 상추를 먹인 범인을 찾아라!

궁궐은 아침부터 분주했다. 궁녀들이 부지런히 마당을 쓸고 있었고, 신하들은 관청으로 서둘러 걸어가고 있었다.

미랑이는 정보를 알아볼 생각으로 우물가로 향했다. 궁녀들은 무슨 재미있는 이야기라도 하는지 까르르 웃고 있었다.

미랑이는 궁녀들에게 다가가 같이 웃다가 슬쩍 상추에 대해 물었다.

"요즘 임금님께서 상추를 많이 드시는 거 아세요?"

"상추? 그런 얘기는 들어 본 적 없는데……."

"임금님과 가까운 황희 재상님이라면 뭔가 아실지도 모르지."

볼에 점이 하나 있는 궁녀가 아는 척을 했다.

▶ 재상이란?
임금을 돕고 모든 관리를 지휘하고 감독하는 일을 맡아보던 벼슬이에요.

"아, 황희 재상님이요?"

미랑이가 궁녀에게 고맙다고 인사를 하려는데 궁녀의 얼굴이 낯이 익었다.

"어? 혹시 우리 만난 적 있지 않아요?"

궁녀는 미랑이의 말을 끝까지 듣지도 않고 황급히 자리를 떠났다.

미랑이는 그 궁녀를 쫓아가다가 심각하게 대화를 나누고 있던 두 사람을 보았다.

한 명은 무척 나이가 많아 보였다. 다른 한 명은 몸이 다부지고 눈빛이 날카로웠다.

팝업 카드를 보니 황희 재상과 김종서 장군이었다. 미랑이는 마침 며칠 전에 책에서 세종 대왕 때 나라를 태평하게 다스린 황희 재상에 대해 읽어서 잘 알고 있었다.

'황희 재상님이라면 뭔가 알고 계실지도 몰라. 똑똑하고 지혜로우시잖아!'

미랑이는 혹시 단서를 얻을까 싶어 몰래 대화를 엿들었다. 하지만 황희 재상과 김종서 장군은 상추에 대해서 한마디도 하지 않았다.

'세종 대왕님이 아끼는 신하들도 모르나 보군……. 대체 범인을 어디서 찾는담.'

실망한 미랑이는 다시 방으로 돌아왔다.

그때 밖에서 누가 큰 소리로 외쳤다.

"야! 안에 있지?"

방문이 벌컥 열리더니, 내관으로 보이는 미랑이 또래의 남자아이가 서 있었다.

"넌 누구니?"

그러자 남자아이는 눈썹을 찌푸리며 말했다.

"뭐라고? 저하의 명으로 궁녀복과 처소를 마련해 준 나한테 고맙다는 말은 못할망정 누구냐고? 버릇이 없구나. 세자 저하께 감사 인사는 드렸어?"

"아직."

"아직? 예의가 없네. 삼강오륜을 지켜야지, 쯧쯧쯧. 삼강오륜 몰라?"

"삼강오륜?"

"삼강오륜도 모르면서 궁에서 어떻게 일하겠다는 건지. 흠흠, 삼강오륜이란……."

남자아이가 아는 척하며 거들먹거리자 미랑이는 AI 안경을 재빨리 썼다.

> ▶ **삼강오륜이란 무엇일까요?**
> 유교의 도덕에서 사람이 마땅히 지켜야 할 세 가지 도리와 다섯 가지 의무를 말해요.
>
>
>
> **[삼강]**
> **군위신강(君爲臣綱):** 임금은 신하의 근본이 된다.
> **부위자강(父爲子綱):** 아버지는 자식의 근본이 된다.
> **부위부강(夫爲婦綱):** 남편은 아내의 근본이 된다.
>
> **[오륜]**
> **부자유친(父子有親):** 아버지와 아들은 친애가 있어야 한다.
> **군신유의(君臣有義):** 임금과 신하는 의리가 있어야 한다.
> **부부유별(夫婦有別):** 부부는 분별이 있어야 한다.
> **장유유서(長幼有序):** 어른과 아이 사이에는 차례(질서)가 있어야 한다.
> **붕우유신(朋友有信):** 친구 사이에는 믿음이 있어야 한다.

미랑이는 곧바로 떠오른 팝업 카드를 보고 삼강에 대해 줄줄 읽었다.

"그리고 오륜은 말이지……."

"아, 그만해도 돼."

술술 대답하는 미랑이의 모습을 본 남자아이는 놀란 기색이 역력했다. 하지만 금방 표정을 바꾸고 작은 대접을 미랑이에게 내밀었다.

"참! 세자 저하께서 수정과를 가져다 주라고 하셨어."

"수정과? 세자 저하께서?"

이상했다. 분명히 미랑이는 세자에게 수정과를 싫어한다고 말했었다. 갑작스레 들이닥친 낯선 내관이 수상했지만 세자 저하께서 주신 거라니 거절할 수 없었다.

그때 문밖에 가지런히 놓아둔 실내화가 부르르 떨렸다. 미랑이는 심장이 덜컥 내려앉았다. 왠지 좋지 않은 일이 일어날 것 같았다.

미랑이는 좋은 생각이 떠올랐다. 내관에게 수정과 대접을 받아 바닥에 내려놓고 크게 숨을 들이마신 후, 아빠의 '오지 마 댄스'를 췄다.

"누군가 세자 저하의 명령을 수행하지 못하도록 날 방해하는 게 분명해."

미랑이는 아까 부르르 떨었던 실내화를 한참 동안 지켜보았다. 아무런 움직임이 없었다.

"알았다!"

미랑이가 눈을 반짝이며 외쳤다.

"실내화가 위험을 알려 주는 거 아닐까? 실내화가 부르르 떨면 곧 나한테 무슨 일이 생긴다는 의미인 거지!"

미랑이는 자신을 속인 내관이 괘씸했지만, 덕분에 실내화의 기능을 알게 되어서 다행이라고 생각했다. 이제 지우개의 기능만 알면 집으로 돌아갈 수 있다는 희망이 생겼다. 기분이 조금 나아진 미랑이는 경복궁을 둘러보기로 했다.

'궁궐에서 단서를 찾을지도 몰라.'

▶ **경복궁은 어떤 곳일까요?**
조선 건국 직후 처음 세운 궁궐로, 왕과 신하들이 일을 하고, 왕과 왕비가 생활하며, 나라의 중요한 의식를 치르던 곳이에요.

미랑이는 궁궐 여기저기를 구경했다. 그러다 커다란 연못에 세워진 멋진 건물을 발견했다.

그때 근처에서 큰 소리가 났다.

## 김종서가 지킨 조선의 영토, 6진

조선 초기, 북쪽의 여진족은 조선의 국경을 자주 넘어와 백성들을 약탈했어요. 김종서는 함경도로 넘어온 여진족을 몰아내고 두만강 유역에 여섯 개의 군사 기지인 6진을 설치하여 여진족의 침입을 막았어요. 이때 만들어진 국경선은 오늘날까지 이어지고 있지요.

- 재상.
- 약 18년 동안 좌의정과 영의정을 맡아 조선의 태평성대를 이룬 명재상이에요. 온화하고 신중한 성품으로 세종의 신뢰를 받았으며 백성을 생각하는 마음으로 바른 정치를 펼쳤어요.

## 황희가 평생을 일한 경복궁

1395년, 조선을 건국한 태조 이성계는 나라의 수도를 개경에서 한양으로 옮기고, 북악산 아래에 경복궁을 지었어요. '경복'은 '큰 복을 누린다.'는 뜻이에요. 경복궁의 중심 건물로, 나라의 큰 행사를 치르던 근정전, 나라에 경사가 있거나 사신이 왔을 때 연회를 베풀던 경회루 등이 있어요. 신하들은 대략 오전 7~9시 사이에 근정전에서 왕에게 업무를 보고하는 아침 조회를 시작으로 하루 종일 업무를 보았어요.

## 4 집현전 학자들의 의심

"누가 저렇게 화를 내는 거지?"

미랑이는 문을 살짝 열어 안을 들여다보았다.

어젯밤에 만난 신숙주와 박팽년이 있는 걸 보니 아마도 집현전 학자들이 모여 있는 것 같았다. 잔뜩 화가 나 보이는 학자가 책상을 탕탕 치며 고함을 치고 있었다.

미랑이는 살금살금 안으로 기어들어 갔다. 집현전 학자들은 미랑이가 들어오는 것도 눈치채지 못하고 책상 위에 놓인 종이를 뚫어져라 보고 있었다.

'어? 저 문서는……?'

집현전 학자들이 웅성거렸다. 특히 최만리는 몹시 흥분한 듯 손을 부들부들 떨었다. 금방이라도 세종 대왕을 찾아갈 기세였다.

미랑이가 한자로 쓰여진 문서를 AI 안경으로 보자 한글로 읽을 수 있었다.

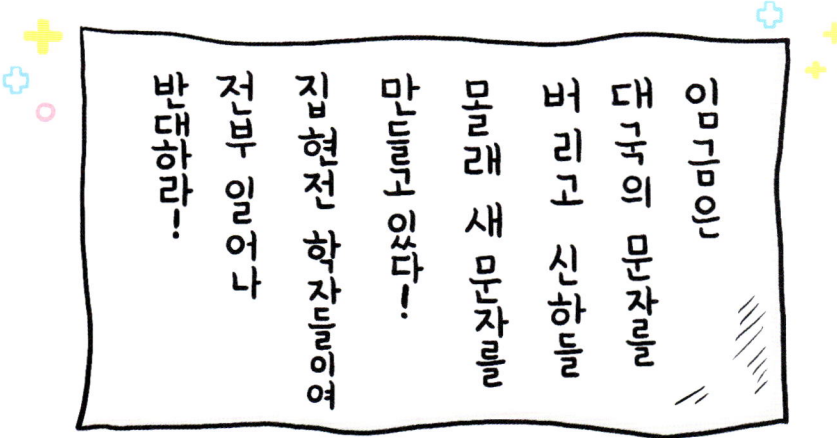

임금은 대국의 문자를 버리고 신하들 몰래 새 문자를 만들고 있다! 집현전 학자들이여 전부 일어나 반대하라!

'번역까지! 정말 신통방통한 안경이군.'

미랑이가 이렇게 생각하고 있을 때, 신숙주가 조근에게 물었다.

"자네, 어젯밤에 주막에 다녀온 후에 집현전에서 수상

한 사람 못 보았나?"

"주막?

최만리가 조근을 째려보았다.

조근은 당황해하며 손을 저었다.

"아, 그게……."

학자들은 또다시 웅성거리기 시작했다. 그때 정창손이 나섰다.

"이러고 있을 게 아니라 주상 전하께 가서 이 문서에 적힌 내용이 사실인지 확인해 봅시다."

"지금 당장 갑시다!"

흥분한 목소리가 하나둘씩 터져 나왔다.

조근은 놀라서 급히 말렸다.

"잠깐만요! 요즘 주상 전하께서 피곤하여 아무도 만나지 않으신다 하옵니다. 이렇게 우르르 몰려가는 건 좋은 방법이 아닐 것 같습니다."

"중요한 사안이니 주상 전하도 이해해 주실걸세."

"자네는 이 문서나 잘 가지고 있게."

집현전 학자들은 밖으로 나가 버렸다.

시끄럽던 집현전이 조용해졌다. 미랑이가 슬그머니 조근에게 다가갔다.

"앗, 깜짝이야. 여긴 어떻게 들어왔니?"

"좀 전에 몰래 들어왔어요. 그나저나 집현전 학자들이 화가 많이 났나 봐요. 왜 명나라 눈치를 보는 거예요?"

조근이 고개를 끄덕이며 말했다.

"조선은 명나라의 영향을 많이 받았거든. 또한 한자로 유학을 공부하는 집현전 학자들은 조선 고유의 문자는 생각해 본 적도 없을 거야."

"음, 그렇군요. 그런데 대체 누가 이 문서를 여기에 가져다 둔 걸까요?"

"그러게 말이다……."

'괴문서를 쓴 사람이 궁금하지만 임금님에게 상추를 먹인 사람부터 찾아야……. 어?'

문득 미랑이의 눈이 반짝 빛났다. 괴문서와 상추 두 사건이 관련이 있다는 생각이 들었기 때문이다.

미랑이는 괴문서를 유심히 들여다보았다. 한자는 잘 모르지만 괴문서의 글씨는 무척 힘 있게 쓴 글씨였다.

"제가 잘 모르지만, 잘 쓴 글씨이죠?"

"그렇고 말고. 힘 있고 정갈하잖니."

"글씨를 잘 쓰는 사람이 누구일까요?"

"글씨를 잘 쓰는 사람이라면……. 안평 대군! 그러고 보니 안평 대군의 글씨와 비슷한 것 같구나!"

"안평 대군이요?"

"주상 전하의 셋째 아들이란다. 첫째 왕자는 세자 저하, 둘째 왕자는 진양 대군, 셋째 왕자가 바로 안평 대군이지. 안평 대군은 조선에서 글씨를 가장 잘 쓰시는 분이란다. 시도 잘 짓고, 그림 실력도 뛰어나지."

"괴문서의 글씨가 안평 대군의 글씨와 비슷하다면 안평 대군이 범인일 수 있겠네요. 두 글씨를 비교해 보면 어떨까요? 제가 안평 대군을 만나 확인해 볼게요."

"아서라, 네가 어찌 안평 대군을 뵙겠다는 것이냐."

조근은 미랑이를 말렸지만 미랑이는 확신이 들었다.

"분명 괴문서와 상추는 관련이 있어요. 상추의 범인을 찾으려면 이 글을 누가 썼는지부터 밝혀야 해요!"

그때 멀리서 종소리가 들렸다.

"휴, 벌써 시간이 이렇게 됐구나. 나는 일이 있어서 먼저 가 봐야 한다. 정 가겠다고 하면 더 이상 잡진 않겠다. 안평 대군은 무계정사에 계신단다."

▶ 무계정사는 어떤 곳일까요?
세종의 셋째 아들인 안평 대군의 별장이에요. 지금의 서울 종로구 부암동에 터가 남아 있어요.

조근은 미랑이에게 신신당부했다.

"이 문서는 절대로 잃어버리면 안 된다. 한 시진 후인 유시에 사직단 대문 앞 큰 나무 아래에서 만나자꾸나."

▶ 시진은 무슨 뜻일까요?
조선 시대에 하루를 12등분한 시간 단위로 한 시진은 2시간을 뜻해요. 자, 축, 인, 묘, 진, 사, 오, 미, 신, 유, 술, 해시로 23시부터 2시간씩 구분해 불렀어요. 유시는 오후 5시 ~7시예요.

▶ 사직단은 어떤 곳일까요?
조선 시대에 토지의 신과 곡식의 신에게 왕이 직접 제사를 지내는 곳이에요.

미랑이는 집현전 밖으로 나왔다.

"그런데 안평 대군의 별장에 어떻게 가지? 지도도 핸드폰도 없잖아."

미랑이는 이리저리 서성였다. 그때 누군가 말을 걸었다.

"안평 대군의 별장에 가려면 저쪽으로 가면 돼."

아침에 본 바로 그 궁녀였다. 말을 마친 궁녀는 미랑이가 묻기도 전에 서둘러 사라졌다.

'내가 안평 대군 별장으로 가는 걸 어떻게 알았지?'

미랑이는 궁녀가 가리킨 방향으로 서둘러 길을 나섰다.

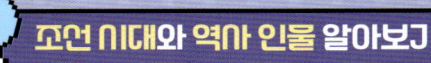

## 조선 시대와 역사 인물 알아보기

### 최만리
- 집현전 부제학.
- 집현전의 실무 책임자인 부제학을 지냈고 훈민정음 창제에 반대하는 상소를 올릴 만큼 왕에게도 자신의 의견을 서슴지 않고 말했어요.

## 최만리가 중요하게 여긴 조선의 유교 사상

유교는 중국의 공자가 주장한 가르침이에요. 조선은 정치, 사회, 문화 전반에 걸쳐 유교적 이념을 받아들여 나라에 대한 충성과 부모에 대한 효를 무엇보다 중요하게 여겼어요. 삼강오륜을 중시하고 나라와 가정의 행사를 치를 때 유교의 예를 따랐어요.

### 사람이 지켜야 할 다섯 가지 도리, 오륜

부자유친　군신유의　부부유별　장유유서　붕우유신

- 집현전 학자.
- 최만리와 함께 훈민정음 창제를 반대했다가 관직에서 물러나고 감옥에 갇혔어요. 같은 해 풀려났지만 세종이 불경을 간행하려 하자, 왕실의 불교 숭상을 반대하다가 낮은 관직으로 쫓겨났어요.

## 정창손이 고집한 중국의 한자

한자는 아주 오래 전 중국에서 만들어진 문자예요. 글자 수가 많고 글자마다 뜻이 달라서 배우고 쓰기 어려웠어요. 그래서 주로 양반들만 사용했어요. 조선 시대 공식 문서와 기록은 모두 한자로 작성되었어요.
세종 대왕은 이런 문제를 해결하려고 1443년에 훈민정음을 창제했어요. 하지만 훈민정음이 반포된 뒤에도 한참 동안 한자가 쓰였어요.

## 5 괴문서를 쓴 용의자들

궁녀가 알려 준 방향으로 한참 물어물어 걸어간 미랑이는 어느 정자 앞에 도착했다. 정자에 한 남자가 앉아 있었다.

"혹시 안평 대군님이세요?"

미랑이는 남자를 향해 물었다.

"오냐. 그런데 넌 누구니?"

남자가 고개를 돌려 미랑이를 보았다.

'헉, 예술을 사랑한다고 해서 꽃미남인 줄 알았는데, 세자 저하와는 분위기가 다르네.'

"안평 대군님, 안녕하세요! 저는 조미랑이라고 해요."

"네가 미랑이구나."

"절 아세요?"

미랑이가 놀라서 물었다. 어찌 된 일인지 안평 대군은 미랑이를 알고 있었다.

"형님께 너에 대해 들었단다. 마침 차와 간식을 먹으려던 참인데, 같이 먹자꾸나."

우락부락해 보이는 외모와 다르게 안평 대군의 말투가 상냥해서 미랑이는 마음이 놓였다.

작은 접시에 여러 가지 색깔의 다식이 예쁘게 놓여 있었다. 안평 대군은 국화차를 따라 주었다. 말린 국화 꽃잎이 동동 떠 있는 국화차에서 은은한 향기가 났다.

향긋한 차를 마시며 미랑이는 잠시 눈을 감았다.

'아, 좋다. 빵빵거리는 차 소리도 안 들리고, 선선한 바람이 부니 이곳이 낙원이네……'

그러다가 문득 정신이 들었다.

'아차, 이러고 있을 때가 아니지.'

미랑이는 괴문서를 꺼내 안평 대군에게 내밀었다. 괴문서를 읽은 안평 대군은 코를 벌름거렸다.

"집현전에 이 문서가 놓여 있었대요."

"신하들의 반대가 만만치 않을 거다. 그들은 한자 말고 새 문자를 쓰는 걸 생각해 본 적도 없을 거야."

"안평 대군님도 임금님께서 새 문자를 만드는 걸 반대하시나요?"

미랑이가 조심스럽게 물었다.

"나는 찬성이란다. 새 문자로 아름다운 시 한 수 적어 보면 좋을 것 같구나. 사실 말이지, 조선에서 나만큼 글씨를 잘 쓰는 사람이 없거든. 내 자랑이라 말하기 그렇지만, 명나라 사신이 조선에 오면 내가 쓴 글씨를 얻어 가려고 사정한단다."

"우아! 저도 보여 주세요!"

생각보다 일이 술술 풀렸다. 그렇지 않아도 미랑이는 괴문서와 안평 대군의 글씨를 비교해 볼 참이었다.

안평 대군은 자신만만한 얼굴로 종이를 한 장 내밀었다. 미랑이는 안평 대군의 글씨를 살펴보았다. 안평 대군의 글씨는 부드럽고 우아했다. 괴문서에 적힌 글씨와는 달랐다.

미랑이의 말이 끝나기 무섭게 차분했던 안평 대군은 소리를 버럭 질렀다. 하지만 이내 흥분을 가라앉히고 괴문서를 자세히 살펴보더니 괴문서에 코를 대고 킁킁 냄새를 맡았다.

"음, 이 향은? 어디서 맡아 본 것 같은데? 내가 진양 형님에게 드린 먹 향과 비슷하구나."

"진양 대군님이요?"

"그래. 얼마 전 명나라 사신에게 용이 새겨진 근사한 먹과 벼루를 선물 받았단다. 그런데 진양 형님이 갖고 싶어 하시길래 드렸지. 형님은 자기가 원하는 건 반드시 꼭 가져야 하는 성격이거든."

새로운 단서였다. 미랑이는 이번에도 직접 확인해 보기로 했다.

"흠, 진양 대군님을 만나러 가 봐야겠어요."

"형님은 겉으로는 온화해 보여도 언제든 사나운 늑대

처럼 화낼 수 있으니 조심하거라."

안평 대군의 표정은 진지했다. 왠지 목소리가 떨리는 것 같았다.

미랑이는 안평 대군에게 인사를 하고 나왔다. 어느새 어둑어둑해지고 비까지 추적추적 내리기 시작했다. 진양 대군을 찾아가기엔 늦은 시간이라 미랑이는 사직단 대문 앞에 있는 큰 나무 아래에서 조근을 기다렸다. 비 내리는 어두운 저녁이라 그런지 조용하고 으스스했다.

그 순간, 미랑이의 실내화가 부르르 떨렸다.

'앗? 위험한 일이 생기려나 봐!'

미랑이는 바짝 긴장하여 주위를 두리번거렸다.

바로 그때였다. 어디선가 복면을 쓴 남자가 불쑥 나타나 괴문서를 낚아채려고 했다. 태권도 2품인 미랑이는 지지 않고 복면을 쓴 남자를 발로 찼다. 하지만 남자도 지지 않고 맞섰다.

계피 가루 공격에 미랑이는 뒤로 벌러덩 넘어졌다. 꼼짝없이 괴문서를 빼앗겼다고 생각한 순간, 우렁찬 목소리가 들렸다.

"아이를 괴롭히면 안 되지!"

미랑이가 고개를 들어 보니 큰 키에 인상이 순해 보이는 한 남자가 서 있었다.

"도와주세요!"

미랑이는 남자에게 소리쳤다.

뜻밖에 나타난 남자의 도움 덕분에 미랑이는 괴문서를 뺏기지 않았다.

"도와주셔서 고맙습니다. 전 조미랑입니다."

미랑이가 꾸벅 감사 인사를 했다.

"다친 곳은 없니?"

"네! 유치원 때부터 태권도를 배웠거든요. 넘어져도 끄떡없어요."

미랑이는 씩 웃으며 두 주먹을 불끈 쥐어 보였다.

"태권도? 수박희를 말하는 거니? 씩씩해서 아주 보기 좋구나."

▶ 수박희란 무엇일까요?
우리나라 고유의 전통 무예예요. 두 사람이 일정한 거리를 두고 마주 서서 손으로 힘과 기술을 겨뤄요.

남자가 미랑이를 유심히 보았다.

'왜 아무 말없이 쳐다보지?'

미랑이가 남자에게 물었다.

"제 얼굴에 뭐라도 묻었나요?"

남자가 말했다.

"아니, 치마 색이 참으로 곱구나."

"아, 세자 저하께서 주셨어요. 예쁘죠?"

"형님이? 역시 보는 눈이 있으시네."

"형님이요? 세자 저하의 동생이세요?"

"그래. 난 진양 대군이란다."

깜짝 놀란 미랑이는 진양 대군의 얼굴을 다시 살펴보았다.

'헉, 정말 진양 대군?'

"처소가 어디니? 비도 내리고 위험하니 내가 데려다 주마."

'안 그래도 진양 대군을 만나고 싶었는데, 일이 술술 잘 풀리는걸?'

# 우리 아이 첫 웹툰! 초코TOON

디지털 기반 교육 환경 속, 콘텐츠의 첫시작이 중요하기에!
교과서 발행 부수 1위 미래엔이 만든

## 초코툰으로 시작하세요!

### 교과 연계 학습 웹툰 자동 추천 시스템으로 초코팝에서 공부한 내용을 복습!

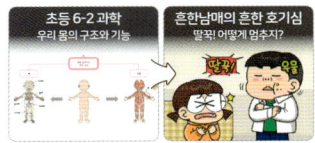

초코팝 오늘 학습 ⇨ 초코툰 연계 추천

### 몰입도가 높은 스토리형 학습 웹툰을 통한 디지털 문해력 향상!

### 단어장, 학습 부록 등의 디지털 학습 도구를 통해 기초 디지털 소양 강화!

※ 2022 개정 교육 과정에는 디지털 소양 강화 항목이 포함되어 있어요!

### 초코팝으로 공부하며 쌓은 초코칩으로 초코툰도 보고, 학습 동기 부여까지!

초중고 교과서 발행 부수 1위 기업 MiraeN

안평 대군이 말한 먹 향과 괴문서를 확인해 볼 수 있는 좋은 기회였다.

'이렇게 친절하신데 늑대라니……. 안평 대군님이 뭔가 잘못 아신 모양이네.'

"궁금한 게 있는데 여쭤 봐도 될까요?"

"그러렴."

"혹시 이 문서에 대해 아세요?"

미랑이는 괴문서를 꺼내 진양 대군에게 보여 주었다.

진양 대군은 괴문서를 읽더니 얼굴이 굳어졌다. 그리고 말없이 문서를 곱게 접어 미랑이에게 돌려주었다.

그러더니 갑자기 턱을 길게 빼고 포효했다. 정말 사나운 늑대가 울부짖는 것 같았다.

"감히 누가 주상 전하께서 하시는 일에 감 놔라 배 놔라 하는 것이냐? 백성을 위해 우리 문자를 만드는 일이 얼마나 중요한데!"

괴문서를 읽고 분노하는 진양 대군을 보고 미랑이는 생각했다.

'저렇게 화를 내다니, 진양 대군은 새 문자를 만드는 것에 찬성하나 봐. 아무래도 범인은 아닌 것 같아.'

"이 문서를 본 집현전 학자들이 임금님을 찾아가겠다고 했어요."

미랑이가 일러바치듯 말했다.

"뭐라고? 지금 당장 집현전으로 가서 괴문서를 쓴 녀석을 반드시 찾아낼 것이다! 우선 새 문자에 반대하는 학자들부터 만나야겠군. 너도 함께 가자."

진양 대군의 눈빛이 벌겋게 타올랐다.

미랑이는 큰일이 벌어질 것 같은 느낌이 들었다. 몰래 도망갈까 살짝 고민했지만, 진양 대군이 두려워 종종걸음으로 따라갈 수밖에 없었다.

## 진양 대군으로 보는 조선 왕자의 삶

조선 시대 왕자들은 어릴 때부터 유학 경전, 역사, 글쓰기, 활쏘기, 말타기 등을 교육받았어요. 특히 세종 대왕은 아들들을 성균관에 입학시켜 공부하게 했지요. 세자는 임금의 맏아들이 되는 게 원칙이었어요. 하지만 태종의 셋째 아들이었던 세종은 그 능력과 덕을 인정받아 왕이 되었고, 세종의 둘째 아들이었던 진양 대군은 어린 조카인 단종이 즉위하자 단종을 내쫓고 왕이 되었어요.

## 안평 대군(이용)

- 세종의 셋째 아들.
- 어렸을 때부터 학문을 좋아하고 문학과 예술에 재능이 있었어요. 특히 시와 글, 서예가 뛰어났지요. 당대 제일의 서예가로 꼽힐 정도였어요.

## 안평 대군이 사랑한 조선의 예술

조선의 예술은 유교의 영향을 많이 받았어요. 선비의 정신, 효 등과 관련된 주제를 담은 예술 작품이 많았어요. 유교적 이상을 담은 산수화를 많이 그렸지요. 〈몽유도원도〉는 안평 대군이 꿈에서 본 아름다운 도원의 모습을 화가 안견이 그린 작품이에요. 이 작품은 조선 시대 회화에 큰 영향을 미쳤어요.

안견의 몽유도원도

# 6 범인이 밝혀지다

화가 난 진양 대군은 성큼성큼 걸어가 집현전 문을 벌컥 열었다.

마침 최만리를 중심으로 조근, 정찬손, 정인지, 성삼문, 하위지, 신석조 등 집현전 학자들이 탁자에 둘러 앉아 무언가를 의논하고 있었다.

갑작스레 문이 열리자 모두 놀라 고개를 들었다.

"대군께서 집현전에는 무슨 일로 오셨습니까?"

최만리가 조심스럽게 물었다.

진양 대군은 조근이 쓰고 있는 문서를 보았다.

"이게 무엇이오?"

"상소문이옵니다."

최만리가 차분하게 대답했다.

▶ 상소문은 무엇일까요?
신하가 임금에게 자기 생각을 전하는 글이에요.

 진양 대군은 몸을 부들부들 떨었다. 미랑이는 진양 대군이 더 크게 화를 낼까 두렵기도 하고, 신하들의 태도에 화가 나기도 했다. 그래서 떨리지만 용기를 내 말했다.

 "옆에서 듣자 하니 너무 화가 나네요! 한자는 너무 어려워 백성들이 배우기 힘들어요. 한자를 몰라 불편을 겪는 백성이 한둘이 아니라고요. 임금님이 만드신 새 문자는 누구나 쉽게 배울 수 있어서 얼마나 좋은지 몰라요. 이렇게 훌륭한 일을 하시는데 신하들이 돕지는 못할 망정 반대를 하다니요!"

 "여기가 어딘 줄 알고 감히 말대꾸를 하는 게냐!"

 "네가 뭘 안다고 함부로 입을 놀리는 게냐!"

 학자들은 미랑이를 엄하게 꾸짖었다.

 조근은 너무 놀라 당황해하며 서둘러 미랑이를 말렸

지만 소용없었다.

"왜 명나라의 눈치를 보는 건지 정말 화가 나고 답답해요. 도대체 누구를 위해 일하시는 거죠? 백성들을 위한다면서 혹시 백성들이 글을 알까 봐 두려우신 거 아니에요?"

미랑이의 당찬 말에 집현전 학자들은 말문이 턱 막혀 아무 말도 못했다.

**짝짝짝짝.**

그때 쥐 죽은 듯 조용한 집현전의 침묵을 깨는 박수 소리가 들렸다. 집현전 학자들은 모두 일어나 허리를 숙였다. 미랑이도 얼른 고개를 숙였다.

"앗, 아바마마. 어인 일로 행차하셨습니까?"

붉으락푸르락 얼굴이 달아올랐던 진양 대군은 언제 그랬냐는 듯이 깍듯하게 말했다. 세종 대왕이었다!

세종이 미랑이에게 다가왔다.

세종 대왕이 웃으며 말했다.

"하하하! 상추를 많이 먹으면 졸린다는 걸 아는 사람이 있을 줄이야! 세자를 통해 듣고 깜짝 놀랐단다."

미랑이가 고개를 갸웃하며 물었다.

"임금님께서는 그걸 어떻게 아셨어요?"

"《농사직설》을 펴내면서 농사 방법뿐 아니라 백성들이 자주 먹는 곡식과 채소를 연구하며 알게 되었단다. 그때 상추도 알게 되었지."

▶《농사직설》은 어떤 책일까요?
경험 많은 농부들에게서 들은 농사에 관한 지식을 담은 책으로 세종 때 편찬했어요.

범인이 임금님이었다는 사실에 미랑이는 왠지 김이 빠졌다. 미랑이는 조금 실망하긴 했지만 사실을 알고 싶어서 다시 물었다.

"제가 멋지게 해결하려고 했는데……. 그런데 왜 상추를 드신 거예요? 아니, 진짜 편찮으신 게 맞아요?"

"하하하. 내가 아무 이유 없이 찾아오지 말라고 하면 똑똑한 집현전 학자들이 의심했을 게야. 그래서 일부러 임금이 아프다고 거짓 소문을 냈지. 그러면 신하들은 나를 덜 찾아올 테고 그 시간에 새 문자를 만들 계획이었다. 상추는 주의를 돌리기 위해 일부러 세자에게 말한 거란다."

"그런 큰 뜻이! 하지만 괴문서가 다 망쳐 버렸네요."

세종은 한숨을 내쉬며 말했다.

"그래, 누군가 내가 새 문자를 만들고 있다는 것을 집현전 학자들에게 알렸고, 연구 시간을 벌려고 한 계획은 무용지물이 되고 말았지."

괴문서의 내용이 진실임을 알게 된 집현전 학자들은 임금님에게 한목소리로 말했다.

 "정 반대하고 싶다면 그대들이 새 문자를 직접 써 본 후 불편한 점을 적어 내게 올리시오. 쉽고 쓰기 편해서 깜짝 놀랄 것이오. 최만리, 당신은 오히려 신묘하다고 말

할지도 모르겠군."

단호한 세종 대왕의 말에 아무도 쉽게 입을 떼지 못했다. 잠자코 있던 세자가 집현전 학자들을 향해 말했다.

"지금부터 괴문서를 쓴 범인을 찾을 것이오. 야경꾼 보고에 따르면 근래 밤에 몰래 들어온 사람은 없었소. 그렇다면 이 글을 쓴 사람은 궁 안, 그리고 이 집현전을 자유롭게 드나드는 사람일 가능성이 높다는 뜻이오. 괴문서와 여기 있는 학자들의 필체를 하나하나 비교하겠소."

▶ 야경꾼은 무슨 일을 하는 사람일까요?
밤에 화재나 범죄가 없도록 살피고 지키는 사람이에요.

"제가 괴문서를 가지고 있어요!"

미랑이가 품에서 괴문서를 꺼내어 상소문 옆에 두었다. 그 순간 조근이 팔꿈치로 벼루를 건드려 검은 먹물이 괴문서 위로 쏟아졌다. 그 바람에 괴문서의 글자들이 먹물로 덮여 상소문과 비교할 수 없게 되었다.

"죄송합니다. 손이 미끄러져 그만……."

조근은 허둥지둥하며 말했다. 그러나 미랑이는 똑똑히 보았다. 조근이 일부러 벼루에 팔꿈치를 가져다 댄 것을.

미랑이가 눈을 가늘게 뜨며 말했다.

"혹시 필체를 보여 주지 않으려고 일부러 벼루를 엎은 건 아니죠?"

미랑이가 따져 묻자, 세자도 의심스럽다는 듯이 조근에게 말했다.

"그리고 보니 주상 전하가 새 문자를 연구한다는 것을 아는 사람은 나 말고 조근뿐이다."

조근은 당황하며 시선을 피했다.

"아닙니다. 먹물을 쏟은 건 정말 실수이옵니다!"

"전 모르는 일이옵니다. 증거도 없이 저를 의심하시다니요."

조근은 억울하다는 듯 목소리를 높였다.

그때 미랑이의 옷에서 지우개가 툭 하고 떨어졌다.

'혹시?'

미랑이는 지우개를 주워 먹물이 번진 괴문서를 쓱쓱 문질렀다.

그러자 시커먼 먹물이 마법처럼 사라졌다.

난생 처음 보는 놀라운 광경에 집현전 학자들은 눈이 휘둥그레졌다.

　미랑이는 조근이 쓴 상소문과 괴문서의 글씨를 나란히 놓고 살펴보았다. 두 글씨는 한 사람이 쓴 것처럼 똑같았다.

　조근은 더는 변명할 수 없다는 듯 고개를 떨구었다.

　"집현전 학자들이 새 문자 창제를 반대할 것은 불 보듯 뻔했어요. 나중에 이 사실을 알게 되면 동료들이 저를 원

망할까 봐 두려웠습니다. 그래서 괴문서를 써서 주상 전하의 연구를 막으려 했습니다. 제가 어리석었습니다."

미랑이는 끌려가는 조근을 보며 안타까운 마음이 들었다.

"지우개의 기능은 먹물을 지우는 것이었구나."

그 순간 빛이 번쩍했다.

## 세종 대왕이 장려한 조선의 농업

조선 시대에는 농업이 아주 중요했어요. 하지만 조선 초기에는 농사 기술이 발달하지 않아 가뭄이 들면 흉년으로 이어지는 경우가 많았어요. 그래서 세종 대왕은 언제 땅을 가는 것이 좋은지, 씨를 언제 뿌려야 하는지, 날씨에 따라 어떻게 농사를 지어야 하는지 등 우리 땅과 기후에 알맞은 농사법을 체계적으로 정리해 《농사직설》을 편찬했어요.

## 훈민정음 반포 후 세종 대왕의 노력

세종 대왕은 1443년 훈민정음을 창제하고, 1446년 훈민정음을 반포한 이후 《용비어천가》, 《월인천강지곡》 등을 지어 훈민정음을 보급하기 위해 노력했어요.

## 훈민정음 반포 후 조선 백성들의 삶

세종의 기대와 달리 처음에는 훈민정음이 널리 사용되지 않았어요. 특히 양반들은 조선 말기까지 공식 문서와 학문에 주로 한자를 썼지요. 그러나 훈민정음은 점차 평민과 여성들 사이에서 편지, 일기 등 개인적인 글쓰기에 널리 사용되기 시작했어요.

### 에필로그 | 다시 만난 까칠한 알바생

2022년 개정_초등 사회 교과서와 함께 공부해요.
5-2 2. 달라지는 시대, 변화하는 생활 모습

## 까칠한 알바생과 세종 대왕을 도와라! _훈민정음과 역사 인물

글 차유진 | 그림 김잔디
**찍은날** 2025년 9월 16일 초판 1쇄 | **펴낸날** 2025년 9월 23일 초판 1쇄
**펴낸이** 신광수 | **출판사업본부장** 강윤구 | **출판개발실장** 위귀영
**아동인문파트** 김희선, 박인의, 설예지, 이현지 | **출판디자인팀** 최진아 | **디자인 진행** 양X호랭 DESIGN
**출판기획팀** 정승재, 김마이, 박재영, 이아람, 전지현
**출판사업팀** 이용복, 민현기, 우광일, 김선영, 이강원, 허성배, 정유, 정슬기, 정재욱, 박세화, 김종민, 정영묵
**출판지원파트** 이형배, 이주연, 이우성, 전효정, 장현우

**펴낸곳** (주)미래엔 | **등록** 1950년 11월 1일(제16-67호)
**주소** 서울특별시 서초구 신반포로 321
**전화** 미래엔 고객센터 1800-8890
**팩스** (02)541-8249 | **홈페이지 주소** www.mirae-n.com

ISBN 979-11-7548-050-6 (74910)
　　　979-11-7548-051-3 (세트)

ⓒ 차유진, 김잔디 2025

\* 책값은 뒤표지에 있습니다.
\* 파본은 구입처에서 교환해 드리며, 관련 법령에 따라 환불해 드립니다.
　다만, 제품 훼손 시 환불이 불가능합니다

KC마크는 이 제품이 공통안전기준에 적합하였음을 의미합니다.
사용 연령: 8세 이상

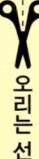
오리는 선

# ★★★★ 역사 인물 카드 ★★★★

역사 인물 카드를 가위로 오려 소장해 보세요! 카드 뒷면에는 역사 정보가 담겨 있어요.

**세종 대왕 (이도)**

조선의 제4대 왕

조선 왕조의 기틀을 다졌고, 학문을 장려했어요. 훈민정음을 창제하고 해시계, 측우기 등의 발명을 이끌었어요.

**세자 (이향)**

세종의 첫째 아들

집현전 학자들과 함께 훈민정음 사용법을 정리하는 등 훈민정음이 널리 사용되는 데 큰 역할을 했어요.

**안평 대군 (이용)**

세종의 셋째 아들

어렸을 때부터 학문을 좋아하고 문학과 예술에 재능이 있었어요. 특히 시와 글, 서예가 뛰어났어요. 당대 제일의 서예가로 꼽힐 정도였지요.

**신숙주**

집현전 학자

글재주가 뛰어나고 외국어가 능통하여 일본, 명나라와의 외교 문제를 해결했어요. 훈민정음이 반포되도록 도왔어요.

오리는 선

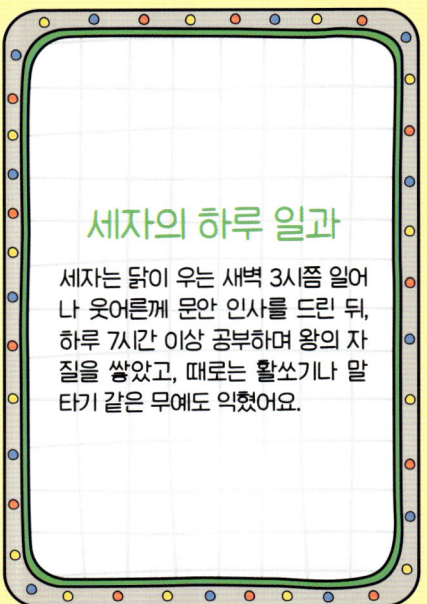

### 세자의 하루 일과

세자는 닭이 우는 새벽 3시쯤 일어나 웃어른께 문안 인사를 드린 뒤, 하루 7시간 이상 공부하며 왕의 자질을 쌓았고, 때로는 활쏘기나 말타기 같은 무예도 익혔어요.

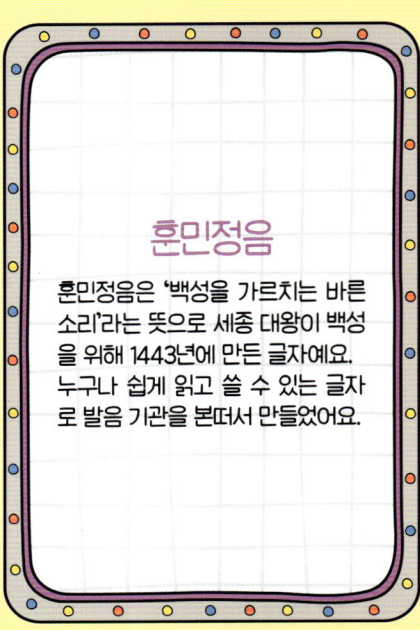

### 훈민정음

훈민정음은 '백성을 가르치는 바른 소리'라는 뜻으로 세종 대왕이 백성을 위해 1443년에 만든 글자예요. 누구나 쉽게 읽고 쓸 수 있는 글자로 발음 기관을 본떠서 만들었어요.

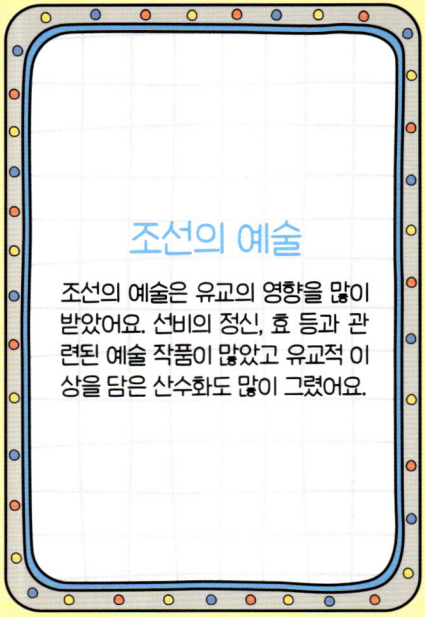

### 조선의 예술

조선의 예술은 유교의 영향을 많이 받았어요. 선비의 정신, 효 등과 관련된 예술 작품이 많았고 유교적 이상을 담은 산수화도 많이 그렸어요.

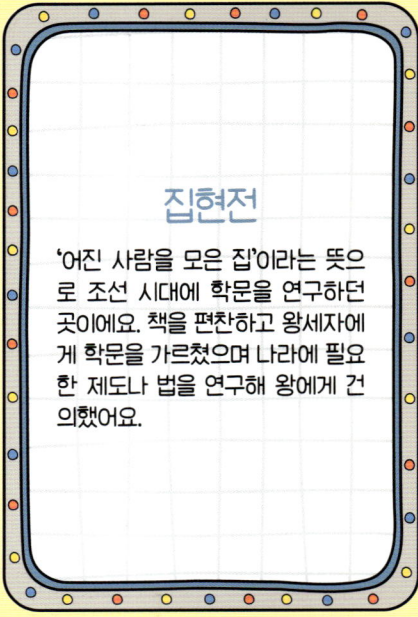

### 집현전

'어진 사람을 모은 집'이라는 뜻으로 조선 시대에 학문을 연구하던 곳이에요. 책을 편찬하고 왕세자에게 학문을 가르쳤으며 나라에 필요한 제도나 법을 연구해 왕에게 건의했어요.

**박팽년** — 집현전 학자

언어, 경전, 역사 등 여러 분야에 뛰어난 학자였어요. 정직하고 곧은 성품으로 세종 대왕의 훈민정음 반포를 도왔어요.

**황희** — 재상

약 18년 동안 좌의정과 영의정을 맡아 세종을 도와 조선의 태평성대를 이룬 명재상이에요. 온화하고 신중한 성품으로 백성을 보살폈어요.

**김종서** — 장군이자 문신

'백두산 호랑이'라고 불릴 만큼 무예 실력이 뛰어난 장군이지만, 학문에 밝아 고려 왕조의 역사를 기록한 《고려사》를 만들었어요.

**최만리** — 집현전 학자

집현전의 실무 책임자인 부제학을 지냈고 훈민정음의 창제에 반대하는 상소를 올릴 만큼 왕에게도 자신의 의견을 서슴지 않고 말했어요.

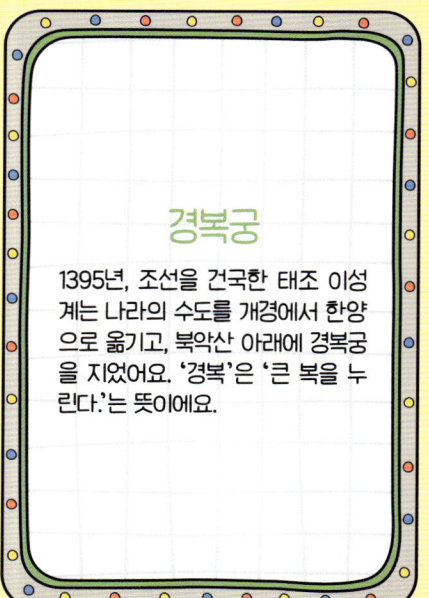

### 경복궁

1395년, 조선을 건국한 태조 이성계는 나라의 수도를 개경에서 한양으로 옮기고, 북악산 아래에 경복궁을 지었어요. '경복'은 '큰 복을 누린다.'는 뜻이에요.

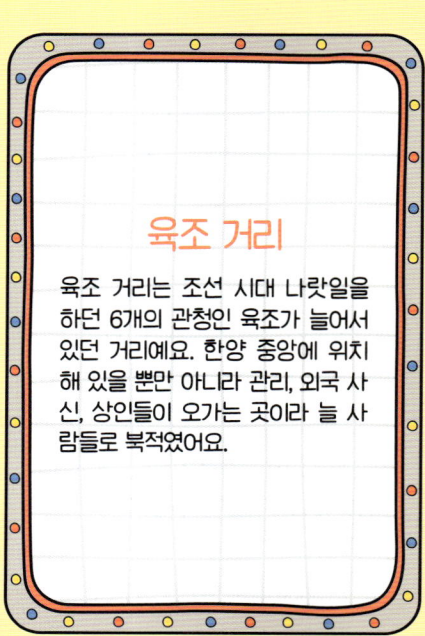

### 육조 거리

육조 거리는 조선 시대 나랏일을 하던 6개의 관청인 육조가 늘어서 있던 거리예요. 한양 중앙에 위치해 있을 뿐만 아니라 관리, 외국 사신, 상인들이 오가는 곳이라 늘 사람들로 북적였어요.

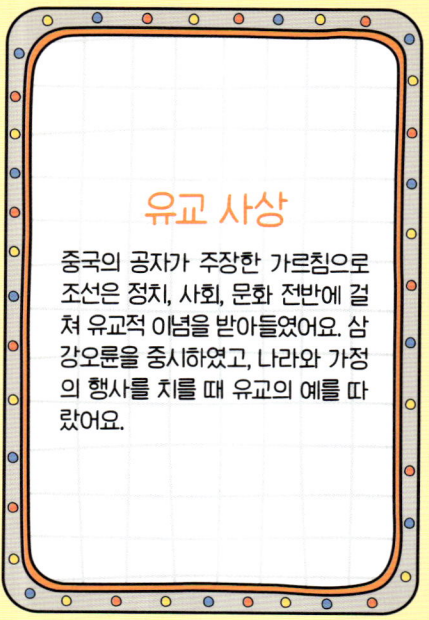

### 유교 사상

중국의 공자가 주장한 가르침으로 조선은 정치, 사회, 문화 전반에 걸쳐 유교적 이념을 받아들였어요. 삼강오륜을 중시하였고, 나라와 가정의 행사를 치를 때 유교의 예를 따랐어요.

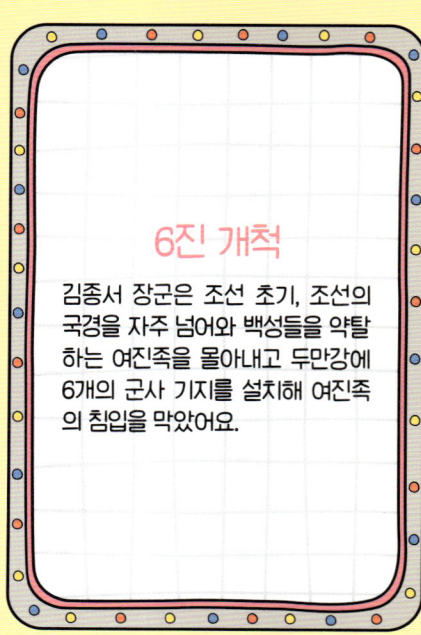

### 6진 개척

김종서 장군은 조선 초기, 조선의 국경을 자주 넘어와 백성들을 약탈하는 여진족을 몰아내고 두만강에 6개의 군사 기지를 설치해 여진족의 침입을 막았어요.